# MINISTÈRE DE LA MARINE

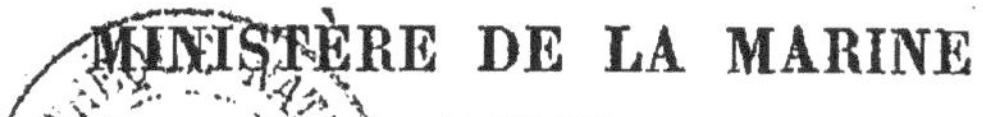

# NOTICE

## SUR

## LE RECRUTEMENT, L'AVANCEMENT, ETC.

# DES MATELOTS
# ÉLÈVES MÉCANICIENS

## DES ÉQUIPAGES DE LA FLOTTE

**1re ÉDITION.**

(Mise à jour le 15 mai 1914.)

**N° 5075ter**

*de la Nomenclature des Documents*

# PARIS

## IMPRIMERIE NATIONALE

### 1914

Les demandes de renseignements complémentaires doivent être adressées au Ministère de la Marine (Bureau des Équipages de la flotte).

**5075ter**

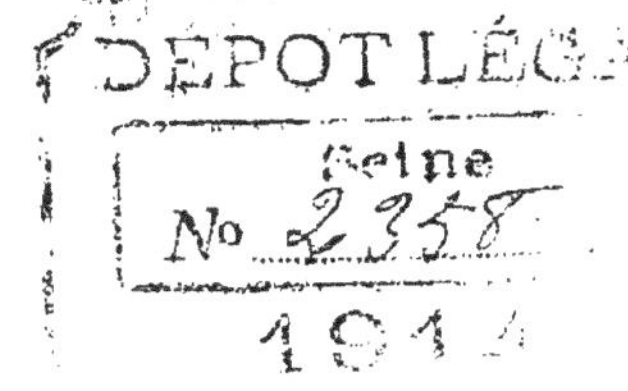

# NOTICE

SUR

## LE RECRUTEMENT, L'AVANCEMENT, ETC.

# DES MATELOTS

# ÉLÈVES MÉCANICIENS

DES

## ÉQUIPAGES DE LA FLOTTE.

1ʳᵉ ÉDITION : 15 MAI 1914.

I

### RECRUTEMENT

### DES MATELOTS ÉLÈVES MÉCANICIENS.

**1. Conditions exigées.** — Les matelots élèves mécaniciens se recrutent parmi les jeunes gens Français ou naturalisés Français âgés de 18 ans au moins et de 24 ans au plus au 1ᵉʳ octobre de l'année du concours et réunissant les conditions requises pour pouvoir contracter un engagement dans les Équipages de la flotte, ou pour être levés en qualité d'inscrits maritimes, et parmi les marins présents au service.

Les nominations à l'emploi de matelot élève mécanicien ont lieu au concours.

Toutefois, une place de l'espèce est annuellement réservée *sans concours*, dans chaque École nationale d'arts et métiers, à un élève diplômé ayant obtenu le brevet d'ingénieur des arts et métiers, et satisfaisant par ailleurs aux conditions susvisées de nationalité et d'âge. Si plusieurs anciens élèves de la même école sollicitent leur nomination sans concours, la préférence est donnée au mieux classé. Si une école ne fournit pas de candidat, la place qui lui est réservée peut être reportée sur une autre école.

Les nominations sans concours ont lieu comme il est dit au paragraphe 3 ci-après.

**2.** Les candidats au concours pour l'emploi de matelot élève mécanicien qui appartiennent à la classe incorporée l'année du concours, mais qui n'ont pas obtenu les sursis d'incorporation prévus à l'article 21 de la loi du 21 mars 1905, ne peuvent être autorisés à subir la deuxième série des épreuves (épreuves manuelles et épreuves orales) que s'ils sollicitent, avant le 1er octobre, leur affectation à l'armée de mer comme hommes du contingent.

A cet effet, les candidats se trouvant dans le cas ci-dessus, qui ont été déclarés admissibles à l'issue des épreuves écrites, reçoivent par les soins du Ministre de la Marine (bureau des Équipages de la flotte) un certificat constatant leur admissibilité, qu'ils adressent d'urgence au commandant du bureau de recrutement dont ils dépendent, en même temps qu'ils demandent leur affectation aux Équipages de la flotte dans les conditions prévues par la loi du 21 mars 1905, c'est-à-dire pour la durée du service militaire obligatoire.

Les candidats définitivement admis après concours à l'emploi de matelot élève mécanicien, et incorporés dans les Équipages de la flotte comme hommes du contingent, sont tenus de contracter immédiatement un rengagement de deux ans.

Ceux de ces jeunes gens qui refusent de contracter ce rengagement sont remis au service général et traités à tous égards comme les hommes de leur classe affectés à l'armée de mer.

Les autres, c'est-à-dire ceux non admis définitivement à l'emploi de matelot mécanicien, sont maintenus dans les Équipages de la flotte pour y accomplir, aux conditions ordinaires, la durée de leur service militaire obligatoire et traités comme il est dit ci-dessus. (Circulaire du 11 juillet 1907. Décret et arrêté du 31 décembre 1913.)

Les dispositions ci-dessus ne s'appliquent pas aux candidats qui, appartenant à la classe incorporée l'année du concours, ont sollicité et obtenu du conseil de revision le sursis d'incorporation prévu par l'article 21 de la loi du 21 mars 1905.

Ces derniers, lorsqu'ils sont reçus matelots élèves mécaniciens pendant la durée du sursis dont il s'agit, sont tenus de contracter un engagement volontaire de cinq ans au titre des Equipages de la flotte.

Les candidats doivent avoir au moins $1^m 52$ de taille et satisfaire aux diverses conditions d'aptitude physique exigées pour le service de la flotte; leur acuité visuelle doit être au moins égale aux trois cinquièmes de la vue normale pour l'un des yeux et à un cinquième pour l'autre.

*Les conditions d'âge, de taille et d'aptitude physique ne comportent aucune dispense.*

**3. Nomination des candidats provenant des ingénieurs des Arts et Métiers.** — Le 10 août, de chaque année, les directeurs des Écoles d'arts et métiers adressent au Ministre de la Marine (Bureau des Équipages de la flotte) la liste des jeunes gens, anciens élèves de leur école, titulaires du brevet d'ingénieur des arts et métiers, qui sollicitent leur nomination à l'emploi de matelot élève mécanicien. Ils indiquent, pour chaque candidat, le numéro de classement obtenu à la sortie de l'école et le nombre d'élèves classés.

A cette liste sont jointes les pièces nécessaires pour contracter un engagement volontaire ainsi qu'un certificat d'acceptation délivré comme il est dit au paragraphe 7 de la présente notice.

Les ingénieurs des arts et métiers provenant d'une promotion antérieure à celle de l'année pendant laquelle ils sollicitent leur nomination, adressent leur demande, le 8 août au plus tard, au Ministre de la Marine, en y joignant les pièces nécessaires pour contracter un engagement volontaire et un certificat du directeur de leur ancienne école indiquant leur situation d'ingénieur, leur rang de sortie et le nombre des élèves classés.

Le Ministre de la Marine fait connaître le 15 août, par la voie du *Journal officiel*, les noms des jeunes gens appelés à bénéficier de l'une des cinq places réservées aux ingénieurs des arts et métiers. Ils sont tenus de contracter un engagement volontaire de cinq ans au titre des Équipages de la flotte.

Ceux appartenant à la classe à incorporer le 1er octobre doivent se lier au service avant le 30 septembre; les autres contractent leur engagement en temps voulu pour rejoindre l'École des mécaniciens de Brest le 5 octobre.

Les ingénieurs des arts et métiers qui ne sont pas admis peuvent prendre part au concours.

**4. Nature du concours. — Épreuves. —** Le concours est annuel. Le nombre des places mises au concours est annoncé au moins deux mois à l'avance par le *Journal officiel*. Il se compose de deux séries d'épreuves : la première comprend les compositions écrites et un dessin à une échelle donnée d'un organe de machine, fait d'après un croquis coté ; la deuxième série comprend les examens oraux, un croquis coté et une épreuve de travail manuel.

Les matières sur lesquelles portent les épreuves du concours sont les suivantes [1] :

### I. ARITHMÉTIQUE.

Addition, soustraction, multiplication et division des nombres entiers. — Théorèmes fondamentaux concernant ces opérations. — Restes de la division d'un nombre entier par 2, 5, 4, 25, 8, 125, 9, 3, 11. — Caractères de divisibilité par chacun de ces nombres.

Plus grand commun diviseur de deux ou plusieurs nombres. — Nombres premiers entre eux. — Tout nombre qui divise un produit de deux facteurs et qui est premier avec l'un de ces facteurs divise l'autre.

Définition et propriétés élémentaires des nombres

---

[1] Ce programme a été arrêté à titre provisoire pour le concours de l'année 1914 ; une commission a été nommée en vue d'étudier les modifications qu'il pourrait être nécessaire de lui apporter pour les concours ultérieurs.

premiers. — Décomposition d'un nombre entier en un produit de facteurs premiers. — Composition du plus grand commun diviseur et du plus petit commun multiple de deux ou plusieurs nombres décomposés en facteurs premiers.

Fractions ordinaires. — Réduction d'une fraction à sa plus simple expression. — Réduction de plusieurs fractions au même dénominateur. — Plus petit dénominateur commun. — Opérations sur les fractions ordinaires.

Nombres décimaux. — Opérations. — Calcul d'un quotient à une approximation décimale donnée. — Réduction d'une fraction ordinaire en fraction décimale; conditions de possibilité. Lorsque la réduction est impossible, la fraction ordinaire peut être considérée comme la limite d'une fraction périodique illimitée.

Carré d'un nombre entier ou fractionnaire, composition du carré de la somme de deux nombres. Le carré d'une fraction irréductible n'est jamais égal à un nombre entier. Définition et extraction de la racine carrée d'un nombre entier ou fractionnaire à une approximation décimale donnée.

Système métrique. — Exercices.

Rapport de deux nombres. — Propriétés des proportions. — Parties proportionnelles.

Mesure des grandeurs. — Rapport de deux grandeurs de même espèce. — Grandeurs directement et inversement proportionnelles.

## II. ALGÈBRE.

Opérations sur les nombres positifs ou négatifs. Monôme, polynôme; addition, soustraction et multiplication des monômes et des polynômes. Carré d'un binôme et d'un polynôme. Cube d'un binôme.

Division algébrique. Reste de la division d'un polynôme entier en $x$ par $x - a$.

Méthode des coefficients indéterminés.

Principes relatifs à la résolution des équations. Équation du premier degré à une inconnue. — Résolution et discussion de deux équations du premier degré à deux inconnues. — Inégalité du premier degré. — Problème du premier degré.

Coordonnées d'un point. Représentation d'une droite par une équation du premier degré. Coefficient angulaire d'une droite. Construction d'une droite donnée par son équation. Intersection de deux droites.

Équation du second degré à une inconnue. Relations entre les racines et les coefficients. — Existence et signe des racines. — Variation et représentation graphique de la fonction $y = ax^2 + bx + c$.

Étude du trinôme du second degré. — Décomposition en carrés. — Inégalité du second degré.

Résolution de l'équation bicarrée.

Problèmes du second degré.

Notion de la dérivée ; signification géométrique. — Dérivée d'une somme, d'un produit, d'une puissance. — Dérivée d'un quotient, d'une racine carrée. — Dérivée d'une fonction de fonction. — Dérivée de sin $x$, de cos $x$, de tg $x$, de cotg $x$.

Application des dérivés à l'étude de la variation des fonctions ; le signe de la dérivée indique le sens de la variation.

Maxima et minima.

Variation et représentation graphique de quelques

fonctions simples, en particulier des fonctions de la forme :

$$y = ax^2 + bx + c, \qquad y = x^3 + px = q,$$

$$y = ax^4 + bx^2 + c,$$

$$y = \frac{ax + b}{cx + d} \qquad y = \frac{ax^2 + bx + c}{a'x^2 + b'x + c'}$$

où les coefficients ont des valeurs numériques.

Progressions arithmétiques et progressions géométriques. Limite de la somme des termes d'une progression géométrique convergente.

Logarithmes. Usage des tables de logarithmes à cinq décimales.

### III. GÉOMÉTRIE.

Droites. — Angles. — Triangle isocèle. — Cas d'égalité des triangles. — Parallélogrammes.

Cercle. Mesure des angles. — Cercles tangents à trois droites.

Translation d'une figure plane de forme invariable. — Rotation. Tout déplacement d'une figure plane de forme invariable dans son plan se ramène à une rotation ou à une translation. Déplacement infiniment petit; centre instantané de rotation.

Longueurs proportionnelles. Division harmonique de quatre points. Faisceau harmonique de quatre droites. Propriété des bissectrices d'un angle, d'un triangle; lieu géométrique des points dont le rapport des distances à deux points fixes est constant.

Aires.

Relations métriques dans le triangle rectangle.

Polygones réguliers convexes. — Inscription du carré, de l'octogone, de l'hexagone, du triangle équilatéral, du dodécagone, dans un cercle. — Longueur de leurs côtés en fonction du rayon. — Aire. — Définition de la longueur de la circonférence; aire du cercle.

Homothétie et similitude. — Rapport des aires de deux figures semblables.

Principales relations métriques dans un triangle quelconque. — Longueur des médianes. — Rayon du cercle circonscrit. — Rayon du cercle inscrit.

Axes radicaux. — Cercles orthogonaux.

Inversion. — Figures inverses d'une droite ou d'un cercle.

Polaire d'un point par rapport à un cercle.

Plan et ligne droite. — Angles dièdres. Angles polyèdres. Sphère. Translation. Rotation. Symétries. Homothétie et similitude. Projection d'une aire plane.

Volumes des parallélipipèdes et des prismes. Volume de la pyramide, du tronc de pyramide à bases parallèles. Volume du cylindre et du cône à bases circulaires. Volume du tronc de cône à base parallèles.

Aire engendrée par une ligne droite. — Aire de la zone. — Aire de la sphère.

Volume engendré par un triangle. — Volume engendré par un secteur circulaire; applications. — Volume de la sphère.

Ellipse. Tangente. Cercles directeurs. Cercle principal.

Équation de l'ellipse. Tracé par la bande de papier; normale et tangente.

Ellipse déduite du cercle par contraction ou dilatation des ordonnées. Projection orthogonale du cercle. Applications. Tracé de la tangente. Diamètres.

Hyperbole. — Tangente. — Asymptotes.

Parabole. — Tracé. — Tangente. — Sous-tangente et sous-normale. — Équation de la parabole.

Parabole considérée comme la limite d'une ellipse.

Sections planes du cylindre et du cône de révolution.

Étude géométrique de l'hélice.

### IV. TRIGONOMÉTRIE.

Angles mesurés en parties du rayon.

Définition du *cosinus* et du *sinus*. — Propriétés fondamentales. — Tangente et cotangente.

Relations entre les fonctions circulaires d'un même arc.

Identités : $1 + \operatorname{tg}^2 a = \dfrac{1}{\cos^2 a}$, $1 + \operatorname{cotg}^2 a = \dfrac{1}{\sin^2 a}$.

Théorie des projections.

Formules d'addition pour le *sinus*, le *cosinus* et la tangente. Expressions de $\cos^2 a$, $\sin^2 a$ et $\operatorname{tg}^2 a$. Identités.

$$1 + \cos^2 a = 2 \cos^2 a, \quad 1 - \cos^2 a = 2 \sin^2 a.$$

Toutes les fonctions circulaires de l'arc $a$ s'expriment rationnellement en fonction de $\operatorname{tg} \dfrac{a}{2}$.

Connaissant $\cos a$, trouver les valeurs de $\cos \dfrac{a}{2}$ et $\sin \dfrac{a}{2}$ ; choix des valeurs correspondantes à un arc $a$ donné. Connaissant $\operatorname{tg} a$, calculer $\operatorname{tg} \dfrac{a}{2}$, choix de la valeur correspondante à un arc donné.

Transformer en produit la somme ou la différence de deux *sinus* ou de deux *cosinus*. Problème inverse.

Transformations trigonométriques ; transformer les expressions : $\cos a \pm \sin a$, $\operatorname{tg} a \pm \operatorname{tg} b$, $1 \pm \operatorname{tg} a$.

Usage des tables de logarithmes à cinq décimales.

Résolution ou discussion de quelques équations trigonométriques simples.

Résolution des triangles rectangles.

Formule $a^2 = b^2 + c^2 - 2\,bc\cos a$. — Proportionnalité des côtés d'un triangle quelconque aux *sinus* des angles opposés; diamètre du cercle circonscrit.

Aire d'un triangle. — Aire d'un parallélogramme.


V. MÉCANIQUE.


Vecteurs. — Projection d'un vecteur sur un axe.

Somme géométrique d'un système de vecteurs par rapport à un point. — Théorème des projections.

Moment linéaire d'un vecteur par rapport à un point; moment par rapport à un axe. — Somme des moments par rapport à un axe.

Application à un couple de vecteurs.

*Cinématique.* — Du mouvement. — Trajectoire d'un point.

Mouvement rectiligne : mouvement uniforme; vitesse, sa représentation par un vecteur.

Mouvement varié, vitesse moyenne; vitesse à un instant donné, sa représentation par un vecteur, accélération moyenne; accélération à un instant donné, sa représentation par un vecteur. — Mouvement uniformément varié.

Mouvement curviligne. — Vitesse moyenne, vitesse à un instant donné définies comme vecteurs. — Valeur algébrique de la vitesse. — Hodographe. — Accélération.

Mouvement circulaire uniforme, vitesse angulaire; projection sur un diamètre, mouvement oscillatoire simple sur une droite.

rallèles. — Centre des forces parallèles. — Centre de gravité, sa recherche dans quelques cas simples : triangle, trapèze, prisme, pyramide.

Couples, composition des couples.

Réduction des forces appliquées à un solide à deux forces ou à une force et à un couple.

Conditions d'équilibre d'un corps solide. — Cas de trois forces, de forces parallèles, de forces situées dans un même plan. Équilibre d'un corps mobile autour d'un axe fixe, d'un point fixe ou bien assujetti à reposer sur un plan fixe.

*Machines simples à l'état de repos et à l'état de mouvement.* — Levier. — Charge du point d'appui. — Treuil. — Poulie fixe et poulie mobile.

Moufles, cric, plan incliné.

(On vérifiera que si une machine est en mouvement, les conditions d'équilibre étant remplies à chaque instant. le travail élémentaire de la puissance est égal et de signe contraire à celui de la résistance.)

### VI. PHYSIQUE.

(*Notions préliminaires, divers états de la matière.*)

*Équilibre des liquides et des gaz.* — Force exercée sur une portion de paroi; pression; unités usuelles.

Principe de Pascal; variation de la pression avec la profondeur; pression sur le fond d'un vase; pression sur les parois latérales; applications.

Pression atmosphérique; expérience de Torricelli; baromètre, manomètre à air libre, manomètres métalliques.

Instruments enregistreurs.

Principe d'Archimède; application à la mesure des poids spécifiques. — Corps flottants. — Aréomètres à poids constant.

Pompes à gaz et à liquides; trompes.

Presse hydraulique.

*Chaleur.* — Température. — Thermomètre à mercure; détermination des points fixes; déplacement du zéro.

Notion de la quantité de chaleur; mesure des quantités de chaleur; méthode des mélanges, calorimètre. — Définition des chaleurs spécifiques des solides, des liquides et des gaz.

Dilatation; dilatation absolue et dilatation apparente; existence d'un maximum de densité de l'eau. — Courbes de dilation; usage des coefficients de dilatation; correction barométrique.

Compressibilité des gaz; loi de Mariotte.

Mélange des gaz.

Dilatation des gaz à pression constante; variation de pression à volume constant; relation

$$\frac{pv}{1 + \alpha t} = \text{constante.}$$

Densité des corps gazeux.

Fusion pâteuse et fusion brusque; point de fusion; chaleur de fusion.

Vaporisation des liquides et liquéfaction des gaz; existence d'une température critique.

Pression maximum des vapeurs; variation avec la température; influence des corps étrangers.

Ébullition. — Distillation. — Chaleur de vaporisation.

Vapeur d'eau dans l'atmosphère.

Conduction, émission et absorption de la chaleur (au point de vue des applications usuelles); procédés de chauffage et d'isolement.

Équivalent mécanique de la chaleur : Expérience de Joule. — Refroidissement d'un gaz par la détente avec travail; définition des deux chaleurs spécifiques (explications élémentaires).

Principe de la machine à vapeur et des moteurs à explosion. — Principe de Carnot.

*Optique.* — Corps lumineux et non lumineux; corps opaques, transparents, translucides.

Propagation rectiligne de la lumière; vitesse.

Comparaison expérimentale des intensités de deux sources lumineuses.

Lois de la réflexion et de la réfraction.

*Complément.* — Pendule simple. — Mouvement oscillatoire d'un pendule; lois expérimentales; formule du pendule simple.

Pendule composé; existence d'un pendule simple synchrone; formule du pendule synchrone (sans démonstration).

Application du pendule à la mesure de $g$.

## VII. ÉLECTRICITÉ.

*Notions d'électrostatique.* — Électrisation; quantité d'électricité; développement simultané des deux électricités; études expérimentales de la distribution de l'électricité.

Notions du champ électrique; principe des machines à influence.

Notion expérimentale de la différence de potentiel entre deux conducteurs. — Électromètre.

Condensateur; capacité; diélectriques.

*Notions de magnétisme.* — Aimants. — Champ; intensité; lignes de force; flux de force; potentiel.

Intensité d'aimantation; coefficient d'aimantation; perméabilité et induction magnétique.

Solénoïde magnétique,

*Électrodynamique.* — Courant électrique; force électromotrice et différence de potentiel; intensité; résistance; loi d'Ohm; unités.

Courants dérivés; lois de Kirchoff.

Loi de Joule, expression générale de l'énergie électrique.

Champ magnétique d'un courant; règle d'Ampère; solénoïde; galvanomètre.

Action d'un champ magnétique sur un courant; loi élémentaire de Laplace.

Galvanomètre. — Ampèremètre. — Voltmètre. — Électro-aimant.

Unités pratiques; relations avec les unités électrostatiques et les unités électromagnétiques.

Induction; force électromotrice d'induction; loi fondamentale.

Électrolyse; lois de Faraday.

Piles; accumulateurs.

Machine génératrice d'électricité, courant continu.

Télégraphe. Téléphone.

Transport de l'énergie électrique; éclairage; four électrique.

Électricité atmosphérique. Paratonnerre. Magnétisme terrestre.

## VIII. CHIMIE.

*(Notions sommaires de chimie générale.)*

Air, composition; azote; oxygène, combustion. Eau, composition. Eaux potables. Hydrogène.

Chlore. Acide chlorhydrique.

Électrolyse du chlorure de sodium. Sodium, soude caustique.

Analyse, synthèse. — Mélange, combinaison. — Corps simples, métalloïdes, métaux. — Corps composés.

Principe de la conservation de la matière. — Loi des proportions définies.

Symboles. — Notation atomique. — Formules. — Nomenclatures. — Acides. — Bases. Sels.

Soufre. — Anhydride sulfureux, anhydride et acide sulfurique. — Hydrogène sulfuré.

Acide azotique. — Ammoniaque. — Chlorure d'ammonium. — Phosphore. — Carbone. — Charbons. — Anhydride carbonique et oxyde de carbone.

Loi des proportions multiples. — Loi des volumes.

Phénomènes thermiques qui accompagnent les réactions.

Silice, verres. — Acide borique, borax.

Chlorure et carbonate de sodium, soude, sulfate de sodium.

Potassium. — Carbonate de potassium.

Chaux. — Calcaire. — Plâtre.

Métaux alcalins et alcalins terreux.

Aluminium, alumine, argiles, kaolin, porcelaine.

Fer, fontes, acier. — Zinc, oxyde de zinc. — Plomb, oxyde de plomb.

Cuivre. — Sulfate de cuivre.

Substances organiques. — Substances organisées.

Carbures d'hydrogène. — Méthane, pétroles. — Éthylène. — Acétylène. Gaz d'éclairage. — Benzine.

Alcool méthylique, alcool éthylique. — Glycérine.

Acide acétique. — Acide gras. — Corps gras. — Savons.

### IX. MACHINES À VAPEUR.

*Chaudières.* — Notions générales sur les chaudières et leur fonctionnement.

3.

Dispositions schématiques d'une chaudière à tubes d'eau.

Accessoires des chaudières. — Montures de niveau, soupapes de sûreté à ressorts.

Alimentation : Généralités sur les pompes et injecteurs.

*Machines alternatives.* — Disposition schématique des différents organes composant une machine à pilon (cylindres, pistons, tiroirs, attelages, arbre moteur, butée).

Principe du renversement de marche : section Marshall.

Installation schématique d'un condenseur par surface et de ces pompes.

Analyse d'un diagramme d'indicateur.

*Turbines.* — Principe élémentaire du fonctionnement.

Disposition schématique de la turbine Parsons.

*Moteurs à combustion interne.* — Principe du fonctionnement (moteur à explosion et moteur à combustion interne).

Schéma d'un moteur à explosion.

Ce programme ne doit comprendre que des notions générales sans aucune description.

X. DESSIN INDUSTRIEL.

*Applications de la géométrie au dessin industriel.* — Tracés relatifs aux droites, angles, construction de figures. — Raccordements, constructions d'échelles.

Courbes usuelles. — Hélice.

Application : tracé des vis à filets carrés et triangulaires.

*Applications de la géométrie descriptive au dessin.* —

*Projections.* — Représentation d'un objet par ses projections sur les plans H. V. et de profil.

Application : Les projections d'un objet sur deux des plans de projection étant données, trouver la projection sur le troisième plan.

*Lignes d'intersection.* — Intersection de deux cylindres à axes perpendiculaires (applications aux tubulures).

Intersection d'un cylindre et d'un cône dont les axes se coupent à angle droit (application aux robinets).

Intersection d'une surface de révolution avec des plans. Applications : méplats exécutés sur une surface de révolution de profil connu (bielles); lignes d'intersection limitant les chanfreins d'un écrou.

*Principes et conventions du dessin industriel.* — Signes conventionnels. — Différents genres de traits. — Hachures et teintes conventionnelles. — Direction des rayons lumineux : traits de force. — Coupes. — Rabattements sur les plans de projection. — Cotes. — Titres et chiffres.

Applications : Exécuter, à une échelle donnée, un dessin teinté et coté d'après un croquis donné.

Déterminer rigoureusement les lignes d'intersection des surfaces entre elles.

Le croquis donné pourra comprendre seulement deux projections de l'objet (élévation et profil par exemple); une troisième projection (plan pour l'exemple donné) ou une coupe sera à déterminer d'après ces deux projections.

## XI. GÉOGRAPHIE.

La France et ses colonies.— Géographie physique, politique et économique. — Historique de la formation de l'empire colonial français.

Notions générales sommaires sur la géographie physique, politique et économique des cinq parties du monde.

Lecture d'une carte muette.

## XII. CROQUIS.

Croquis coté d'un organe de machine, fait à main levée d'après un modèle.

### XIII. ÉPREUVE MANUELLE D'ATELIER.

1° *Pour les ajusteurs :*

Compas droit à arc avec mortaise.

Coulisse trapézoïdale de 30 $^m/_m$ dans un bloc de 60 $^m/_m$.

Assemblages divers de bandes de fer plat de 28 $^m/_m$ { 1° par une double queue d'aronde; 2° par un tenon droit de 20 $^m/_m$ et une queue d'aronde de 20 $^m/_m$.

Assemblage de deux bandes de fer plat de 22 $^m/_m$ par un trait de Jupiter.

Coulisse hexagonale de 60 $^m/_m$.

Cube de 35 $^m/_m$, coulissant dans une rainure d'un bloc de 80 $^m/_m$.

Équerre à chapeau.

Étau à main.

Trusquin à tige carrée.

2° *Pour les tourneurs :*

Raccord de pompe.

Monture d'indicateur (partie supérieure).

Vis d'étau à griffe et son écrou.

Ajustage cylindrique avec une partie filetée et son écrou.

Ajustage cylindrique et conique avec une partie filetée.

Vis à filets carrés avec son écrou et une bague coulissant sur la partie cylindrique.

Trusquin avec l'embase, la tige et la douille cylindriques.

Vis à double filets carrés avec son écrou.

3° *Pour les forgerons :*

Gond à pattes.
Fourche à œil avec cosse.
Anneau double avec cosse.
Douilles octogonale et cylindrique accolées.
Anneau cylindrique avec manille, croc et cosse.
Fourche à deux branches avec douille conique.
Douille de bringueballe de pompe.
Chape de poulie.
Clef à douille à une branche.
Chape à fond incliné de 120 degrés.
Griffe de tour.
Chape ordinaire.
Poupée de tour à archet.
Clef anglaise.

4° *Pour les chaudronniers en fer :*

Garniture de trou d'homme en tôle de 6 $^m/_m$.

Dessus de forge en tôle fine de 4 $^m/_m$.

Cornière à confectionner et à couder à angle droit (tôle de 8 $^m/_m$).

Calotte hémisphérique à bords plats (tôle de 5 $^m/_m$).

Plaque de tête de chaudière cylindrique (tôle de 4 $^m/_m$).

Partie supérieure d'un tube bouilleur (tôle de 4 $^m/_m$).

Assembler deux tôles de 10 $^m/_m$, l'une d'elles étant coudée à angle droit.

Assemblage d'un ciel de foyer et de la plaque de tête (tôle de 10 $^{m}/_{m}$).

Tuyau en S très allongé, en deux morceaux rivés (tôle de 3 $^{m}/_{m}$).

Coude arrondi en tôle de 3 $^{m}/_{m}$.

Collerette emboutie en tôle de 4 $^{m}/_{m}$.

5° *Pour les chaudronniers en cuivre :*

Demi-cercle à section en U.

Tubulure à confectionner, rivée et soudée.

Coude rivé et brasé.

Coquemard (corps sans couvercle).

Bouilloire (corps et bec sans couvercle ni poignée).

Demi-coude en S brasé.

Fourche brasée.

Barillet à quatre tubulures (brasé).

Tubulures brasées sur un tuyau à confectionner et à braser.

Fond de fanal de 225, petit modèle (laiton).

Chapeau fumivore pour fanal de 112, petit modèle (laiton).

Culot en laiton pour fanal à cloche pour signaux spéciaux.

Burette en laiton.

6° *Pour les fondeurs-mouleurs :*

Mouler et fondre des organes de petites dimensions, tels que :

Pignon denté.

Roue dentée.

Volant.

Poulie à gorge.

Robinet à deux ou trois voies.

Boîte à clapets.

Tiroir de machine.

Et toute pièce comportant l'emploi de noyaux.

Le temps accordé pour exécuter ces travaux n'excède pas trois journées. Il est tenu compte du degré de perfection de l'ouvrage et du temps mis à le faire.

**5.** Les épreuves écrites du concours ont lieu simultanément le *20 août* dans chacun des centres d'examen ci-après indiqués : *Dunkerque, Cherbourg, le Havre, Saint-Servan, Brest, Lorient, Nantes, Rochefort, Bordeaux, Toulon, Marseille, Toulouse, Lyon, Nancy* et *Paris.*

Elles sont reportées au lendemain de la date précitée dans le cas où cette date correspond à un dimanche ou à un jour férié.

Les candidats ne peuvent être autorisés à subir la deuxième série des épreuves du concours que s'ils ont été reconnus admissibles aux épreuves écrites.

La deuxième série d'épreuves a lieu à *Paris*, le *12 septembre* (ou le lendemain, si cette date correspond à un dimanche ou à un jour férié).

**6.** **Demandes d'inscription pour prendre part au concours.** — Les registres d'inscription pour le concours sont ouverts du 1er au 31 juillet. Les candidats doivent indiquer dans leur demande d'inscription leur profession (ajusteur, tourneur, forgeron, etc.), leur domicile, le centre d'examen qu'ils ont choisi, ainsi que leur situation militaire (appelés, ajournés, en sursis, etc.).

Ces demandes sont transmises :

Au Préfet maritime de Cherbourg, par les candidats désirant concourir à Cherbourg, à Dunkerque et au Havre ;

Au Préfet maritime de Brest, par les candidats désirant concourir à Brest et à Saint-Servan;

Au Préfet maritime de Lorient, par les candidats désirant concourir à Lorient et à Nantes;

Au Préfet maritime de Rochefort, par les candidats désirant concourir à Rochefort et à Bordeaux;

Au Préfet maritime de Toulon, par les candidats désirant concourir à Toulon et à Marseille;

Au Ministre de la Marine (Bureau des Équipages de la flotte) par les candidats désirant concourir à Toulouse, Lyon, Nancy et Paris.

**7. Pièces à joindre aux demandes d'inscription.** — Les demandes doivent être, dans tous les cas, accompagnées des pièces nécessaires pour que les candidats puissent contracter un engagement volontaire d'une durée de cinq ans, au titre des Équipages de la flotte.

Ces pièces sont les suivantes :

1° Extrait d'acte de naissance;

2° Certificat de bonnes vie et mœurs délivré par le maire du dernier domicile et conforme au modèle annexé à la décision présidentielle du 29 novembre 1899, inséré au *Journal officiel* du 3 décembre de la même année. Si l'intéressé ne compte pas une année de séjour dans la commune de son dernier domicile, il doit produire un autre certificat du maire de la commune où il était antérieurement domicilié;

3° Consentement des père, mère ou tuteur, si l'intéressé a moins de 20 ans. Le tuteur doit être autorisé par une délibération du conseil de famille, mise à l'appui de son consentement.

L'acte de naissance et le certificat de bonnes vie et mœurs doivent être légalisés par le sous-préfet ou le préfet du département. Le consentement des père, mère ou tuteur doit l'être par le maire.

Il y est joint, en outre, *un certificat d'acceptation* qui est délivré :

*Dans les ports militaires* (Cherbourg, Brest, Lorient, Rochefort et Toulon) : par le commandant du Dépôt des Équipages de la flotte;

*A Paris* : par le chef du Bureau des Équipages de la flotte au Ministère de la Marine;

*Dans un quartier d'Inscription maritime* (à l'exception des ports militaires) : par l'administrateur de l'Inscription maritime;

*Sur tout autre point du territoire :* par un commandant de Bureau de recrutement.

Ce certificat doit porter d'une manière bien apparente une annotation constatant qu'il ne peut servir pour contracter un engagement volontaire que *s'il est accompagné d'une lettre de nomination à l'emploi de matelot élève mécanicien.*

**8. Acceptation ou rejet des demandes d'inscription.** — Le 10 août, au plus tard, les autorités maritimes indiquées au paragraphe 6 ci-dessus avisent les candidats de l'acceptation ou du rejet des demandes d'inscription. Elles renvoient immédiatement aux candidats dont l'inscription est rejetée les pièces jointes à leur demande et font connaître, pour ceux admis à prendre part au concours, les lieux, jours et heures fixés pour les compositions écrites.

**9. Épreuves écrites.** — Les épreuves écrites ont lieu simultanément dans ceux des centres indiqués au paragraphe 5 où des candidats ont demandé à concourir.

A Paris, les compositions sont faites soit au Ministère de la Marine, soit dans tout autre endroit désigné par le Ministre.

A Toulouse, Lyon et Nancy, les candidats sont tenus de se présenter au commandant d'armes, la veille du jour fixé pour le concours, pour y recevoir tous les renseignements relatifs à l'exécution des compositions.

*Aucun candidat n'est autorisé à composer à une époque autre que celle qui a été fixée. Ceux qui renoncent ou ne se présentent pas à l'une des épreuves sont, par cela seul, exclus du concours et ne peuvent, sous aucun prétexte, être autorisés à refaire cette composition.*

Un quart d'heure avant l'ouverture de chaque séance, il est procédé à l'appel nominal des candidats, à chacun desquels une place est assignée.

**10.** Les candidats doivent être munis des porte-plume, encre, crayon, papier blanc et instruments qui leur sont nécessaires pour écrire, calculer et dessiner (compas, carton ou planche à dessin, table de logarithmes à sept décimales).

**11.** *Les candidats ne peuvent voyager avec une feuille de route pour se rendre du lieu de leur résidence au centre d'examen qu'ils ont choisi pour les épreuves écrites ni pour en revenir. Ils n'ont droit à aucune réduction sur les voies ferrées, ni à aucune indemnité de déplacement ou de séjour.*

Toutefois, pendant la durée des épreuves écrites, ceux qui concourent dans un port militaire peuvent, sur leur demande, être placés en subsistance au

Dépôt des Équipages de la flotte, où ils sont logés et nourris gratuitement.

**12.** Les épreuves écrites consistent en :

1° Une composition française (style, orthographe et écriture);

2° Une composition d'arithmétique, d'algèbre et de trigonométrie (problèmes ou question de cours);

3° Une composition de géométrie (problèmes ou question de cours);

4° Une composition de mécanique et de physique (question de cours ou problèmes);

5° Un dessin à une échelle donnée d'un organe de machine, fait d'après un croquis coté, et dont certaines parties peuvent être recouvertes de teintes plates de couleurs conventionnelles.

L'enveloppe de chaque sujet de composition est décachetée par le surveillant délégué, en présence des candidats, au moment où ils sont réunis pour subir les épreuves écrites.

A l'ouverture de la séance et après l'appel nominal, le surveillant donne lecture des dispositions prévues aux paragraphes 13 et 14 ci-après. Il dicte ensuite le sujet de composition aux candidats en se conformant, au besoin, aux indications portées sur l'enveloppe. Le temps de la dictée n'est pas compris dans la durée attribuée à chaque composition.

**13.** Les compositions sont faites sur des feuilles à en-tête imprimé, qui sont délivrées au commencement de la séance et revêtues alors de la signature du surveillant délégué. Chaque candidat, en les recevant, inscrit ses nom et prénoms; il signe seulement l'en-tête de chaque feuille. Ces feuilles ne doivent pas servir pour l'établissement des brouillons.

Les candidats doivent reproduire le texte de la composition française. Les textes mêmes peuvent leur être communiqués, mais le même exemplaire ne doit jamais servir à plusieurs candidats à la fois.

**14.** *Sous peine d'exclusion du concours, les candidats ne doivent être porteurs d'aucune note ou document imprimé ou écrit et ne doivent avoir entre eux ou avec l'extérieur aucune communication. Ceux qui n'ont pas fait toutes les compositions ne peuvent être admis à subir les examens oraux.*

L'épreuve de dessin est l'objet d'une surveillance particulière. Aucun dessin ne peut être sorti de la salle dont les issues doivent être soigneusement fermées pendant l'intervalle de deux séances.

Les candidats qui ont terminé leurs compositions avant le temps fixé sont autorisés à les remettre de suite au surveillant; mais ils sortent immédiatement de la salle.

Toute infraction au règlement ou toute fraude dans l'une quelconque des épreuves entraîne l'exclusion du concours.

**15.** Les compositions écrites sont ensuite transmises au Contre-Amiral commandant la Division d'instruction de l'Océan. Un numéro secret est porté sur l'en-tête de chaque composition et sur la composition elle-même, puis l'en-tête portant le nom du candidat est découpé et conservé par le chef d'état-major de la Division qui transmet ensuite les compositions à la Commission d'examen.

Elles reçoivent une note de mérite comprise dans l'échelle de o à 20.

La composition française reçoit deux notes : une note d'ensemble qui entre seule dans le calcul des

points exigés tant pour l'admissibilité que pour
l'admission définitive, et une note d'orthographe
qui n'a d'autre effet que d'entraîner l'élimination du
candidat si elle est inférieure à 13.

La note d'ensemble de la composition française
et celles des autres compositions sont multipliées par
les coefficients indiqués au tableau ci-après.

**16.** La Commission d'examen procède au classement des numéros secrets dans l'ordre des points
obtenus par les compositions qui les portent.

Ce classement est communiqué au chef d'état-
major de la Division d'instruction de l'Océan qui
remplace les numéros secrets par les noms des candidats.

La liste nominative ainsi établie est transmise
au Ministre, en même temps que le relevé général
des points obtenus par les candidats pour chacune
des compositions.

**17.** Le Ministre fixe le nombre de points mini-
mum exigé pour l'admissibilité : ce chiffre est arrêté
après avis de la Commission d'examen, qui s'inspire,
pour formuler des propositions, de la valeur générale moyenne des compositions.

**18.** Lorsque le Ministre a arrêté le nombre des
admissibles, la liste nominative de ces derniers est
publiée, par ordre alphabétique, au *Journal officiel.*

Elle est suivie d'un avis indiquant la date et
l'heure des examens oraux.

D'après la seule publication de cette liste au
*Journal officiel,* les candidats doivent se rendre à
Paris où ils sont tenus de se présenter au Ministère

de la Marine pour recevoir indication des locaux affectés aux examens.

*Les candidats ne peuvent voyager avec une feuille de route. Ils n'ont droit à aucune réduction de tarif sur les voies ferrées, ni à aucune indemnité de déplacement ou de séjour.*

Toutefois, pendant leur séjour à Paris, ils peuvent, sur leur demande, être logés et nourris gratuitement dans une des casernes dépendant du Gouvernement militaire de Paris.

**19.** Les candidats autorisés à subir les épreuves orales et qui n'ont pas été visités par le médecin de l'un des dépôts des Équipages de la flotte dans les ports militaires ou par le Conseil supérieur de santé de la Marine à Paris, au moment où ils ont adressé leur demande de prendre part au concours pour l'emploi de matelot élève mécanicien, sont tenus de se présenter, la veille du jour fixé pour l'ouverture des épreuves orales, au chef du bureau des Équipages de la flotte au Ministère de la Marine, afin de faire constater définitivement leur aptitude physique au service de la flotte.

Le chef du bureau des Équipages de la flotte contresigne les certificats d'acceptation qui ont été délivrés par des administrateurs de l'Inscription maritime ou par des commandants de recrutement, aux candidats qui, à la suite de cette seconde visite, sont reconnus propres au service. Il mentionne également sur les mêmes certificats l'inaptitude de ceux que le Conseil supérieur de santé a reconnus impropres et qui ne peuvent être admis à subir les épreuves orales du concours; ces derniers sont remis immédiatement en possession des pièces qui accompagnaient leur demande d'inscription. Ils n'ont droit à aucune indemnité pour rentrer dans leurs foyers.

**20.** À l'époque fixée pour l'ouverture des épreuves orales à Paris, le Ministre fait remettre au président de la Commission d'examen les pièces produites par les candidats autorisés à y prendre part. Les susdites pièces sont rendues aux candidats aussitôt après qu'ils ont passé leurs examens, pour leur servir ultérieurement, en cas de nomination, à contracter leur engagement volontaire.

**21.** La deuxième série des épreuves du concours pour l'emploi de matelot élève mécanicien comprend :

Un croquis coté ;
Une épreuve de travail manuel ;
Les examens oraux.

Les examens oraux portent sur les matières prises dans le programme indiqué au paragraphe 4, et comportent des interrogations sur l'arithmétique, l'algèbre, la trigonométrie, la géométrie, la mécanique, la physique, la chimie, les machines à vapeur (notions), l'électricité, la géographie.

Les candidats qui font preuve de la connaissance de l'*allemand* ou de l'*anglais* ont droit à autant de points supplémentaires qu'ils ont obtenu de points au-dessus de 7 pour chacune de ces langues.

Le croquis coté est celui d'un organe de machine fait à main levée, d'après un modèle.

L'épreuve manuelle d'atelier est choisie dans le programme des épreuves pour matelot mécanicien spécifiées ci-dessus.

Les examens oraux sont publics.

**22.** La série des épreuves du concours pour l'emploi de matelot élève mécanicien, le temps consacré à leur exécution, leur notation et leurs coefficients sont indiqués dans le tableau ci-après.

**23.** Les candidats font d'abord leur croquis, puis leur essai manuel. Ces deux épreuves ont lieu en général à l'Atelier de construction de Puteaux (Guerre).

La surveillance des épreuves manuelles est faite avec le plus grand soin. Tout candidat convaincu de fraude est exclu du concours.

A la fin des examens, les notes données aux diverses épreuves orales et manuelles sont affichées par les soins du président de la Commission d'examen.

Il est attribué, par les membres de la Commission, 3 points supplémentaires aux candidats exerçant la profession de chaudronnier ou de forgeron.

De plus, la production du certificat d'aptitude (première partie) de l'un quelconque des baccalauréats de l'enseignement secondaire donne droit à un avantage de 40 points. L'admissibilité à l'une des Écoles militaires (Saint-Cyr, Navale, Polytechnique) ou à l'École centrale, le titre d'élève diplômé des Écoles d'arts et métiers, ou la production d'un des baccalauréats complets de l'enseignement secondaire donne droit à un avantage de 80 points.

| SÉRIE DES ÉPREUVES. | NOMBRE DE NOTES que comporte chaque épreuve. | COEFFI-CIENTS. | TEMPS CONSACRÉ à L'EXÉCUTION DES ÉPREUVES. |
|---|---|---|---|
| **I. Épreuves écrites (a) :** | | | |
| Composition française (style, orthographe, écriture)..... | 1 | 12 | Matin : 2 h. 1/2. |
| Arithmétique, algèbre, trigonométrie (problèmes ou questions de cours)............ | 1 | 6 | Soir : 3 h. 1/2. } 1er jour. |
| Géométrie (problèmes ou questions de cours)........... | 1 | 5 | } 36 |
| Mécanique et physique (problèmes ou questions de cours). | 1 | 6 | Matin : 3 heures. Soir : 2 heures. } 2e jour. |
| Dessin .................... | 1 | 7 | 24 heures en six séances de 4 heures. } 3e, 4e et 5e jours. |
| **II. Croquis (a)............** | 1 | 4 | Laissé à l'appréciation de la Commission. |
| **III. Épreuves manuelles d'atelier (a)..............** | 1 | 8 | |
| **IV. Épreuves orales :** | | | |
| Arithmétique............... | 1 | 4 | |
| Algèbre................... | 1 | 6 | |
| Trigonométrie.............. | 1 | 4 | |
| Géométrie................. | 1 | 6 | |
| Mécanique................. | 1 | 6 | } 52 |
| Physique.................. | 1 | 5 | |
| Chimie.................... | 1 | 4 | |
| Machines à vapeur (notions).. | 1 | 6 | |
| Électricité ................. | 1 | 6 | |
| Géographie................ | 1 | 5 | |
| **Total des coefficients........** | | 100 | |

(a) Tout candidat ayant obtenu une note inférieure à 13 pour l'orthographe, l'essai manuel, le croquis ou le dessin ou inférieure à 8 pour l'une quelconque des épreuves écrites est, de ce fait, déclaré inadmissible.

**24. Nomination à l'emploi de matelot élève mécanicien.** — Les nominations à l'emploi de matelot élève mécanicien sont faites d'après le classement définitif établi dans l'ordre total des points obtenus.

Le classement est effectué au Ministère de la Marine par le bureau des Équipages de la flotte en présence du président de la Commission d'examen.

Les nominations sont publiées au *Journal officiel*. Les candidats non admis n'ont droit à aucune indemnité de route pour le retour.

Les jeunes gens nommés à l'emploi de matelot élève mécanicien reçoivent du Ministre un avis de nomination. Sur la présentation de cet avis et des pièces mentionnées au paragraphe 7, ils sont autorisés à contracter un engagement volontaire dans le corps des Équipages de la flotte.

**25.** Les jeunes gens nommés matelots élèves mécaniciens contractent leur engagement de manière à rejoindre l'École des mécaniciens de Brest le 5 octobre au plus tard; passé cette date, ils sont considérés comme démissionnaires, sauf les cas d'excuses légitimes qui sont soumis à l'approbation du Ministre. Ils reçoivent une feuille de route avec indemnité de route. La date d'arrivée est reportée au 6 octobre, lorsqu'elle correspond à un dimanche ou à un jour férié.

Dès leur arrivée à l'École, les élèves sont immatriculés, vaccinés et habillés sans retard de façon que ces diverses opérations soient terminées pour l'ouverture du cours qui a lieu le 10 octobre.

## II

### AVANCEMENT AUX DIFFÉRENTS GRADES
### DE LA HIÉRARCHIE DES MÉCANICIENS DE LA FLOTTE.

**26.** Les *matelots élèves mécaniciens*, envoyés, aussitôt après leur incorporation, à l'École des mécaniciens de Brest, y suivent, pendant six mois (10 octobre au 10 avril), un cours de technique des appareils de bâtiments. Ceux qui sont admissibles à l'examen de sortie de ce cours sont, à moins que leur conduite n'ait laissé gravement à désirer, nommés au grade de quartier-maître élève mécanicien, et embarqués en cette qualité pendant un an. Ils sont affectés : six mois au service des machines principales; trois mois au service des chaufferies; trois mois au service des auxiliaires et service extérieur. Au mouillage, chacun d'eux fait, à son tour, le service des embarcations à vapeur.

Les quartiers-maîtres élèves mécaniciens sont, pendant la durée de leur embarquement, admis à la table des seconds-maîtres.

**27. Avancement au grade de second-maître mécanicien.** — Les *quartiers-maîtres élèves mécaniciens* sont promus au grade de second-maître mécanicien dès qu'ils réunissent un an d'embarquement à bord des bâtiments armés, sous réserve que leur conduite n'ait pas laissé gravement à désirer, et qu'ils aient été l'objet d'une proposition de leur commandant. Ils sont ensuite embarqués sans interruption sur les bâtiments armés jusqu'à ce qu'ils réunissent trois années à la mer depuis leur nomination au grade de second-maître.

**28.** **Avancement aux grades de maître et de premier-maître mécanicien. Brevet supérieur.** — Les seconds-maîtres mécaniciens provenant des matelots élèves mécaniciens peuvent obtenir le brevet supérieur en passant directement l'examen de sortie du cours pour ce brevet, lorsqu'ils réunissent deux ans de grade, dont un an d'embarquement à bord des bâtiments armés. Dès qu'ils obtiennent le brevet supérieur ils sont nommés d'office au grade de maître, puis peuvent arriver au grade de premier-maître suivant les règles générales de l'avancement.

**29.** **École des élèves officiers mécaniciens.** — Un cours destiné à *donner l'instruction théorique supérieure* aux officiers-mariniers mécaniciens (seconds-maîtres, maîtres et premiers-maîtres) candidats au grade de mécanicien principal de 2e classe est institué à l'École des mécaniciens de Brest.

L'admission à l'École des élèves officiers a lieu chaque année, par un concours auquel peuvent prendre part les premiers-maîtres, maîtres et seconds-maîtres mécaniciens réunissant trois ans d'embarquement à la mer depuis leur nomination au grade de second-maître.

La durée des cours est fixée à un an.

A l'issue des examens de sortie, les candidats qui ont été reconnus admissibles sont nommés *premiers-maîtres élèves officiers mécaniciens*, et complètent ou accomplissent, à bord des bâtiments armés désignés par le Ministre de la Marine, les deux années d'embarquement exigées pour la nomination au grade de mécanicien principal de 2e classe. Cette nomination est faite, dans la proportion des 4/5 des vacances dans le grade de mécanicien principal de 2e classe, en tenant compte de l'ordre de classement établi à la sortie du cours préparatoire et à la condition que les intéressés aient obtenu des notes favorables pendant leurs deux années d'embarquement.

Les premiers-maîtres élèves officiers mécaniciens ont droit à la solde et aux prérogatives attribuées aux premiers-maîtres mécaniciens ordinaires.

**30.** En vue de permettre aux seconds-maîtres mécaniciens provenant des élèves mécaniciens de réunir les trois années d'embarquement exigées pour prendre part au concours d'admission à l'École des élèves officiers mécaniciens, ces seconds-maîtres sont embarqués hors tour jusqu'à ce qu'ils aient rempli cette condition.

**31. Avancement au grade de mécanicien principal de 2ᵉ classe. Officiers mécaniciens.** — Les nominations au grade de mécanicien principal de 2ᵉ classe, premier grade de la hiérarchie du corps des officiers mécaniciens de la Marine, ont lieu parmi :

1° Les premiers-maîtres mécaniciens et les premiers-maîtres élèves officiers mécaniciens ayant subi avec succès les examens de sortie de l'École des élèves officiers mécaniciens et ayant accompli dans le grade de premier-maître deux ans au moins d'embarquement à bord d'un navire armé, ou une année de service comme professeur et dix-huit mois d'embarquement sur un bâtiment armé ;

2° Les premiers-maîtres mécaniciens ne provenant pas de l'École des élèves officiers mécaniciens et réunissant six ans de service dans leur grade dont deux années au moins d'embarquement sur un bâtiment armé, ou une année de service comme professeur et dix-huit mois d'embarquement sur un bâtiment armé.

Les nominations au grade de mécanicien principal de 2ᵉ classe sont attribuées, savoir :

4/5 aux premiers-maîtres mécaniciens provenant de l'École des élèves officiers mécaniciens;

1/5 aux premiers-maîtres mécaniciens réunissant les conditions de service indiquées au paragraphe 2° ci-dessus, et qui, après avoir été reconnus admissibles à un examen de capacité, sont inscrits sur un tableau d'avancement.

**32.** A défaut d'un nombre suffisant de premiers-maîtres provenant de l'École des élèves officiers mécaniciens, tout ou partie de la fraction qui leur est réservée pour la nomination au grade de mécanicien principal de 2ᵉ classe peut être attribué aux premiers-maîtres mécaniciens reconnus admissibles à ce grade et inscrits au tableau d'avancement.

**33.** Les nominations au grade de mécanicien principal de 1ʳᵉ classe ont lieu deux tiers à l'ancienneté et un tiers au choix.

Nul ne peut être promu au grade de mécanicien principal de 1ʳᵉ classe s'il ne compte au moins trois années d'embarquement dans le grade de mécanicien principal de 2ᵉ classe.

**34.** Les nominations au grade de mécanicien en chef ont lieu moitié à l'ancienneté, moitié au choix.

Nul ne peut être promu au grade de mécanicien en chef s'il ne compte au moins quatre années de service dans le grade de mécanicien principal de 1ʳᵉ classe, dont trois années d'embarquement.

Les nominations au grade de mécanicien inspecteur de 2ᵉ classe ont lieu au choix.

Nul ne peut être promu au grade de mécanicien inspecteur de 2ᵉ classe s'il ne compte au moins quatre années de service, dont deux années d'embarquement.

**35.** Les nominations au grade de mécanicien inspecteur de 1ʳᵉ classe ont lieu au choix.

Nul ne peut être promu au grade de mécanicien inspecteur de 1ʳᵉ classe s'il ne compte au moins quatre années de service dans le grade de mécanicien inspecteur de 2ᵉ classe, dont une année d'embarquement.

**36.** Les nominations au grade de mécanicien général de 2ᵉ classe ont lieu au choix.

Nul ne peut être promu au grade de mécanicien général de 2ᵉ classe s'il ne compte au moins quatre années de service dans le grade de mécanicien inspecteur de 1ʳᵉ classe.

Les nominations au grade de mécanicien général de 1ʳᵉ classe ont lieu au choix.

Nul ne peut être promu au grade de mécanicien général de 1ʳᵉ classe s'il ne compte au moins quatre années de service dans le grade de mécanicien général de 2ᵉ classe.

## Soldes et pensions de retraite des Mécaniciens de la Flotte.

| GRADES. | | SOLDES JOURNALIÈRES. | | | | | | OBSERVATIONS. (Vivres et traitement de table.) |
|---|---|---|---|---|---|---|---|---|
| | | N° 1. | N° 2. | N° 3. | N° 4. | N° 5. | N° 6. | |
| | | fr. c. | fr. c. | fr. c. | fr. c. | fr. c. | fr. c. | |
| Premiers-maîtres | de 20 ans de services et au-dessus. | 7 65 | 10 00 | 11 70 | 12 10 | 5 80 | 6 25 | Ration de marin et un traitement de table de o^f,4o, o^f,8o ou 1 fr., suivant la position. |
| | de 15 à 20 ans... | 7 25 | 9 60 | 11 30 | 11 70 | 5 40 | 5 85 | |
| | de 10 à 15 ans... | 6 85 | 9 20 | 10 90 | 11 30 | 5 00 | 5 45 | |
| | de 5 à 10 ans... | 6 45 | 3 80 | 10 50 | 10 90 | 4 60 | 5 05 | |
| | de 0 à 5 ans... | 5 60 | 7 95 | 9 65 | 10 05 | 3 75 | 4 20 | |
| Maîtres | de 20 ans de services et au-dessus, | 6 45 | 7 45 | 8 80 | 9 10 | 4 90 | 5 30 | |
| | de 15 à 20 ans... | 6 05 | 7 05 | 8 40 | 8 70 | 4 50 | 4 90 | |
| | de 10 à 15 ans... | 5 55 | 6 55 | 7 85 | 8 15 | 4 00 | 4 40 | |
| | de 5 à 10 ans... | 5 35 | 6 35 | 7 65 | 7 95 | 3 80 | 4 20 | |
| | de 0 à 5 ans... | 4 60 | 5 60 | 6 90 | 7 20 | 3 05 | 3 45 | |
| Seconds-maîtres | de 20 ans de services et au-dessus. | 5 55 | 6 45 | 7 45 | 7 70 | 4 40 | 4 70 | Ration de marin et un traitement de table de o^f,2o o^f,4o ou o^f,6o suivant la position |
| | de 15 à 20 ans... | 5 15 | 6 05 | 7 05 | 7 30 | 4 00 | 4 30 | |
| | de 10 à 15 ans... | 4 85 | 5 55 | 6 55 | 6 80 | 3 70 | 4 00 | |
| | de 5 à 10 ans... | 4 55 | 5 35 | 6 35 | 6 60 | 3 40 | 3 70 | |
| | de 0 à 5 ans... | 3 55 | 4 60 | 5 60 | 5 85 | 2 35 | 2 65 | |
| Quartiers-maîtres | de 20 ans de services et au-dessus. | 3 90 | 4 40 | 5 10 | 5 25 | 3 25 | " | Ration de marin. |
| | de 16 à 20 ans... | 3 70 | 4 20 | 4 99 | 5 05 | 3 05 | " | |
| | de 12 à 16 ans... | 3 10 | 3 60 | 4 30 | 4 45 | 2 35 | " | |
| | de 8 à 12 ans... | 2 80 | 3 30 | 4 00 | 4 15 | 2 05 | " | |
| | de 5 à 8 ans... | 2 35 | 2 85 | 3 55 | 3 70 | 1 65 | " | |
| | de 0 à 5 ans... | 1 85 | 2 25 | 2 95 | 3 10 | 1 25 | " | |
| Matelots | de 1^re classe.... | 1 25 | 1 55 | 1 95 | 2 10 | 0 80 | " | |
| | de 2^e classe.... | 0 95 | 1 25 | 1 65 | 1 80 | 0 60 | " | |

NOTA. Ces différentes soldes sont en principe accordées :

Solde n° 1 : Au personnel à terre sans emploi.

— n° 2 : Au personnel employé dans les services à terre et en réserve en France continentale.

— n° 3 : Au personnel embarqué sur les bâtiments armés dans les mers d'Europe.

— n° 4 : Au personnel des bâtiments en campagne ou aux colonies.

— n° 5 : Au personnel en traitement à l'hôpital.

— n° 6 : Aux officiers-mariniers en disponibilité.

En outre, les seconds-maîtres, maîtres et premiers-maîtres mariés, veufs ou divorcés, avec un enfant à leur charge, ont droit à une indemnité de logement de o fr. 5o par jour.

## Solde des Officiers mécaniciens.

| GRADES. | SOLDE-BRUTE annuelle de (1). (À TERRE.) | à (2). (À LA MER.) | TRAITEMENT DE TABLE. | CORRESPONDANCE de GRADE. |
|---|---|---|---|---|
| 1 | 2 | 3 | 4 | 5 |
| | fr. c. | fr. c. | | |
| **Mécaniciens principaux** — de 2° classe — avant 4 ans de grade et 10 ans de services. | 3,467 37 | 4,907 36 | Lorsqu'ils sont embarqués, ils ont droit à la ration et à un traitement de table. | Enseigne de vaisseau ou lieutenant. |
| après 4 ans de grade.. après 10 ans de services | 3,770 53 | 5,362 10 | | |
| après 8 ans de grade. après 4 ans de grade et 15 ans de services.. | 4,073 68 | 5,816 84 | | |
| après 8 ans de grade et 20 ans de services.. | 4,471 58 | 6,176 84 | | |
| de 1re classe — avant 4 ans de grade.. | 4,566 32 | 6,309 47 | | |
| après 4 ans de grade. après 20 ans de services | 5,115 79 | 6,858 94 | | Lieutenant de vaisseau ou capitaine. |
| après 8 ans de grade. après 4 ans de grade et 25 ans de services.. | 5,665 26 | 7,597 89 | | |
| après 12 ans de grade. après 8 ans de grade et 30 ans de services.. | 6,328 42 | 8,412 63 | | |
| **Mécaniciens en chef** — après 4 ans de grade ou 32 ans de services... | 7,427 36 | 9,549 47 | | Chef de batail<sup>on</sup>. |
| avant 4 ans de grade....... | 6,953 68 | 8,848 42 | | |
| **Mécaniciens inspecteurs** — de 2e classe... | 8,526 31 | 10,648 42 | | Capitaine de frégate ou lieut<sup>t</sup>-colon. |
| de 1re classe... | 10,364 21 | 12,941 05 | | Capitaine de vaisseau ou colonel. |
| **Mécanicien général** — de 2e classe ... | 13,263 16 | 17,242 11 | | C<sup>tre</sup>-amiral ou général de brigade. |
| de 1re classe... | 19,894 74 | 25,844 21 | | Vice-amiral ou général de division. |

(1) Ces soldes sont celles attribuées à terre, en France ; aux colonies, la solde à terre est doublée.

(2) Ces soldes sont celles attribuées aux officiers embarqués hors des mers d'Europe ; elles représentent une majoration de 30 p. 0/0 sur celles attribuées aux officiers naviguant dans les mers d'Europe.

*Nota. Les soldes des officiers mécaniciens dans toutes les positions seront augmentées pour compter du 1er octobre 1914.*

LES TARIFS DES PENSIONS DE RETRAITE DES OFFICIERS-MARINIERS, QUARTIERS-

SONT DÉTERMINÉS DE

| GRADES. | PENSIONS DE RETRAITE POUR ANCIENNETÉ DE SERVICES. (Art. 19 de la loi du 18 avril 1831.) | | | PENSIONS PROPORTIONNELLES D'ANCIENNETÉ. | | PENSIONS DE OU INFIR (Art. 12 ; 13, 14, | |
|---|---|---|---|---|---|---|---|
| | MINIMUM à vingt-cinq ans de services effectifs. | ACCROISSE-MENT pour chaque année de service au delà de vingt-cinq ans et pour chaque année résultant de la supputation des campagnes. | MAXIMUM à quarante-cinq ans de services, campagnes com-prises. | MINIMUM après quinze ans de services. | ACCROISSE-MENT pour chaque année de service effectif au delà de quinze ans jusqu'à vingt-cinq ans. | AMPUTATION de deux membres ou perte totale de la vue. — PENSION FIXE quelle que soit la durée des services, 30 p. 100 en sus du maximum. | AMPUTATION d'un membre ou perte absolue de l'usage de deux membres. — PENSION FIXE quelle que soit la durée des services. |
| 1 | 2 | 3 | 4 | 5 | 6 | 7 | 8 |
| | francs. | francs. | francs. | francs. | francs. | francs. | francs. |
| Premiers-maîtres.. | 1,450 | 30 | 2,050 | 870 | 58 | 2,665 | 2,050 |
| Maîtres ......... | 1,300 | 25 | 1,800 | 780 | 52 | 2,340 | 1,800 |
| Seconds-maîtres.. | 1,100 | 20 | 1,500 | 660 | 44 | 1,950 | 1,500 |
| Quartiers-maîtres. | 700 | 10 | 900 | 420 | 28 | 1,170 | 900 |
| Matelots ........ | 600 | 7,50 | 750 | 360 | 24 | 975 | 750 |

Les pensions des officiers mécaniciens sont les mêmes que celles des officiers de

MAÎTRES ET MATELOTS MÉCANICIENS DU CORPS DES ÉQUIPAGES DE LA FLOTTE

LA FAÇON SUIVANTE :

| RETRAITE POUR CAUSE DE BLESSURES MITÉS GRAVES ET INCURABLES. 15, 16 et 17 de la loi du 18 avril 1831.) | | | | MINIMUM ET MAXIMUM AUGMENTÉ DU CINQUIÈME. (Art. 11 de la loi du 18 avril 1831.) | | MAXIMUM au cas d'amputation de deux membres ou perte totale de la vue. | PENSIONS AUX VEUVES. — SECOURS ANNUELS aux orphelins. — MOITIÉ du maximum de la pension d'ancienneté affectée au grade du mari ou du père. — (Art. 8 de la loi du 5 août 1879.) |
| BLESSURES OU INFIRMITÉS graves qui occasionnent la perte absolue de l'usage d'un membre ou qui y sont équivalentes. PENSION VARIABLE. Minimum augmenté de l'accroissement prévu pour chaque année de service ou de campagne jusqu'au maximum. | | BLESSURES OU INFIRMITÉS moins graves qui mettent dans l'impossibilité de rester au service avant d'avoir accompli les vingt-cinq ans exigés pour le droit à la pension d'ancienneté. PENSION VARIABLE. Minimum augmenté de l'accroissement prévu pour chaque année de service au delà de vingt-cinq ans jusqu'au maximum. Les services effectifs cumulés avec les campagnes formant un total de vingt-cinq ans. | | | | | |
| MINIMUM. | MAXIMUM. | MINIMUM. | MAXIMUM. | MINIMUM. | MAXIMUM. | | |
| 9 | 10 | 11 | 12 | 13 | 14 | 15 | 16 |
| francs. | francs. | francs. | francs. | francs. | francs. | francs. | francs. |
| 1,450 | 2,050 | 1,450 | 2,050 | 1,740 | 2,460 | 3,198 | 767 |
| 1,300 | 1,800 | 1,300 | 1,800 | 1,560 | 2,160 | 2,808 | 767 |
| 1,100 | 1,500 | 1,100 | 1,500 | 1,320 | 1,800 | 2,340 | 750 |
| 700 | 900 | 700 | 900 | 840 | 1,080 | 1,404 | 450 |
| 600 | 750 | 600 | 750 | " | " | " | 375 |

Marine des grades correspondants.

# TABLE DES MATIÈRES.




Imprimerie Nationale. — 694-464-1914.